| 지구조각 | k.chae™

리스본

여행자와 여행 사진가는 다르다.

여행자는 그 여행의 순간 자체가 중요하지만,
사진가에게 중요한 것은
그 순간이 아닌 그 순간을 가두는 일이다.

여행자는 다시는 오지 않을 그 순간을
마음속에 담으면 되지만,
사진가는 그 순간을 프레임 속에 담아야 하는
사람이기 때문이다.

그 순간을 사진으로 만들어 그 감동을
다른 사람들에게 전이시켜주는 사람이기 때문이다.
나는 그래서 사진가를 두고 영원을 위해
순간을 포기해야 하는 사람들이라고 표현한다.

나에게 있어 사진은 곧 여행이었다.

세계를 여행하며 또 그렇게 사진을 담아가며
각각의 다른 도시 또 다른 나라의 사진들이
모두 하나로 연결되는 느낌을 받았다.

서로 다른 문화를 가졌고 전혀 다른
사람들이 살고 있지만 하나씩 맞추어 보았더니
결국에는 모두가 지구의 한 조각이었던 것이다.
그 조각들을 하나둘 맞춰 나갈수록 사진들은
의미가 더해져서 우리가 사는 이 지구라는 행성의
다큐멘터리가 되었다.

그렇기에 내가 담은 여행의 흔적들은
단지 어느 한 나라의 사진이 아니다.
지구의 한 조각이자 내가 가진 지구와의 인터뷰,
지구의 꾸밈없는 포트레이트다.

순간을 멈추어 당신 앞으로 가져온 이 사진들이
당신의 눈앞에서 해빙되어
내가 느낀 감정들을 온건히 전해줄 수 있기를.

나의 사진을 통해
당신만의 지구 조각을 발견하기를 바라면서.

지구 어딘가에서,
케이채 K. Chae

K. Chae
Blog http://chaekit.com
Email chaekit@gmail.com

조각을 담아온 곳

포르투갈의 리스본 (Lisboa),
그리고 신트라 (Sintra),
에보라 (Evora),
포르토 (Porto),
나자레 (Nazare),
오비도스 (Obidos)

ANGOLA
MOÇAMBIQUE
COLONIAS PORTUGUEZAS NO MUN
Vianna
Villa Real
Bragança
Braga
Porto
Vizeu
Coimbra
Castello Branco
Leiria
Santarem
Portalegre
LISBOA
R. Tejo
R. Minho
Rio Douro
SIGNAES CONVENCIONAES

LISBON, PORTUGAL

나는 그녀를 동정한 것이 아니야.

그녀가 무척 아름다웠기에

꼭 찍고 싶어서 모델료를 냈을 뿐.

에보라의 교회 앞에서 만난 구걸하는 할머니

늘 닿을 수 없는 곳을

닿고 싶어하고

이룰 수 없는 꿈이라도

끊임없이 꿈꾸었으면.

겨울은

[illegible]

믿을 수 없어!

나보다 저 강아지 녀석에게 관심을 더 두다니...

별로 귀엽지도 않네! 나에 비하면 말이야!

최고의 모델을 놔두고 지금 당신 뭐 하는 거야?

…소녀는 내가 그녀보다

강아지를 찍는 것처럼 보이자

도저히 이해할 수 없다는

표정으로 강아지를 쳐다보았다.

PIRIQUITA

tetas
Jorge Fallorca
BLUES

GINJAS
012345
2,50€ CADA
367890
TEMOS PULSEIRAS COM NOMES
765843

CATARINA DIAS

10
8
6
4
GELADOS
Nestlé
Trident

파스텔리아에서

그런 우울한 표정이라니 어울리지 않아!

어서 이 달짝지근한 과자들 맛 좀 보라고.
금세 얼굴에 미소가 번지지 않고는 못 배길 테니까.

아마 그것이
포르투갈에 행복해 보이는 사람들이 많이 보이는
이유인지도 모르겠다.

SUMARIA
14
SUMOS NATURAIS
SMOOTHIES
FRESHLY
FRUIT CUP
CHOCOLATE
YOUGURT
NEW
PINEAPPLE
WITH COCONUT
CAIPIFRUIT
CAIPIROSKA
GINJINHA
CREPES
CHEESE-TOMATO-OREGAN
HAM
CHICKEN-CHEESE
BANANA-CINAMMON
APPLE-CINAMMON

VERBO

AJAX

리스본에 있을 때 매일 비 오는 리스본이 지겨워져

맑은 날이 오게 해달라 빌었다.

그런데 정작 떠난 뒤 내가 가장 그리운 것은

비가 오는 날의 리스본 거리다.

Millennium

할머니,

비가 오는데 왜 빨래를 걷지 않으신 거에요?

"그야 아직 빨래가 마르지 않았으니까."

10

A PAISAGEM NÃO TEM DO
LANDSCAPE

Landscape has no owner.

풍경에는 주인이 없다.

리스본에서

트램을 타는 방법

안에 탄다.

밖에 탄다.

WINGS

M. MONIZ
28

41

total90

pois,café

친구와 함께라면 대화가 필요하고

연인과 함께라면 말이 필요 없다.

ANTI
NAZI

TASK
The HUNTERS CREW..

왕년엔

내가 말만 걸면

여자들이 바로 넘어왔는데

이젠 아무리 말을 걸어도

뒤도 잘 안 돌아보는구먼.

같이 늙어가는 처지에

이거 왜들 그래?

CA
DA
2,
OSSOS FILHOS
LATIM
Exercicios de Versão
NATAL 1951
LUSITANUS
FUTURE ACE

수줍어하거나.

멋진 포즈를 잡거나.

해바라기 꽃을 한가득 내어둔 발코니라니.

저 집의 주인은 어떤 사람인 걸까?

저 해바라기들을 배경으로 꼭 사진을 한 장 찍어주고 싶은걸!

그 사진이 꼭 찍고 싶다는 마음 하나 때문에

나는 알파마의 이 장소를 3일 동안 계속 찾아갔다.

3일째 날

나는 드디어 그를 만났다.

당신을 만나려고

3일을 기다렸다고 이야기하지 않았다.

단지

사진을 찍어도 되겠느냐고 물었고

그는 흔쾌히 허락하며

해바라기를 넣어 찍으면

더 예쁠 거라는 말을 잊지 않았다.

알고 있어요 할아버지.

그 해바라기들 때문에

할아버지를 그토록 만나고 싶었다고요.

pedonal

pedonal

O MANDATO
35

560
carris

JOSE MARIA DA FONSECA

나이가 들어서도

"멋진 할아버지다!" 라는 말을 들을 수 있는 남자가 되고 싶다.

리스본에서 만난 멋쟁이 할아버지들처럼.

진짜 절정은 때론

절정이 지난 후에 찾아올 때도 있는 법.

k.chae

| **Lisbon,** Portugal |

세이레가 사진을 통해 들려주는 여행자들을 위한
리스본과 알파마를 여행하고자 할 때 꼭 알아야 할 것들.

Eléctrico 28 ; 28번 트램

리스본을 상징하는 노란색 트램들, 리스본 곳곳에서 만나게 되는 이 트램들은 바라만 보고 있어도 기분이 좋아지지만 직접 타보는 것은 더 즐거운 경험. 어떤 트램을 타도 아름다운 리스본을 볼 수 있지만, 28번 트램이 그중에서도 가장 유명한 이유는 알파마의 높은 언덕길을 올라 관통하여 그야말로 리스본의 심장부를 지나기 때문이다. 28번 트램과의 짧은 여행을 마쳤을 때 비로소 리스본에서의 진정한 여행이 시작될 것이다.

Alfama ; 알파마

오랜 역사를 지닌 리스본에서도 가장 오래된 동네인 알파마는 리스본의 사람 사는 모습을 있는 그대로 느낄 수 있는 매력적인 곳이다. 높이 올라가고 또 내려가고, 꼬불꼬불한 골목들은 그야말로 길을 잃기 십상이지만 이곳에선 꼭 길을 잃어봐야 한다. 알파마에서 보내는 하루는 그 어떤 관광명소에서 보내는 하루보다 당신의 기억에 남을 테니까.

Cabo Da Roca ; 까보 다 로까

리스본에서 버스로 1시간 정도 가면 포르투갈의 서쪽 끝이자 유럽의 최서단, 까보 다 로까에 닿을 수 있다.
아메리카 대륙이 발견되기 전까진 이곳이 바로 세상의 끝이었다. 유럽의 땅이 끝나고 대서양이 시작되는 그곳.
이곳에 가면 유럽의 서쪽 끝에 왔다는 증명서를 발급해준다.
유럽의 끝이자 대서양의 시작을 직접 보고 느낄 수 있는 흥미로운 장소.

Fado ; 파두

파두는 포르투갈을 대표하는 음악 장르로 그 특유의 애잔함과 슬픔이 가득 담긴 멜로디와 리듬,
그리고 창법으로 알려졌다. 누군가를 영원히 잃은 슬픔, 간절한 그리움 등으로 묘사되는 포르투갈만의 단어인 사우다드(Saudade), 이것이 파두를 가장 잘 설명해준다.
리스본에는 다양한 파두 공연장이 있는데 대부분 저녁 식사를 하며 공연을 감상하게 되어있다.
늦은 새벽까지 공연을 하기에 저녁 식사 타임의 공연 후 바로 떠나지 말고 기다린다면 조금 더 차분한 분위기에서 파두를 감상할 수 있다.

케이채 지구조각
리스본 Lisbon

2011년 12월 1일 1쇄 발행

지은이 케이채 (K.Chae / 채경완)
펴낸이 김세환
편집인 신선영
기 획 김세환

디자인 **WORK**Sharp Creative LAB 이승아
펴낸곳 **WORK**Sharp Creative LAB
주 소 서울시 종로구 가회동 1-34
전 화 02 546 1815
팩 스 02 546 1884
홈페이지 www.unlimitedseoul.com
출판등록 2007년 1월 22일 제 300-2010-144 호

출력, 인쇄 애드샵

판매문의 에디터 02 753 2700

값 14,500원

ISBN 978-89-960326-0-1 13980